¿De dónde viene?

De la vaca al queso

por Penelope S. Nelson

Bullfrog
en español

Ideas para padres y maestros

Bullfrog Books permite a los niños practicar la lectura de textos informativos desde el nivel principiante. Las repeticiones, palabras conocidas y descripciones en las imágenes ayudan a los lectores principiantes.

Antes de leer

- Hablen acerca de las fotografías. ¿Qué representan para ellos?

- Consulten juntos el glosario de las fotografías. Lean las palabras y hablen de ellas.

Durante la lectura

- Hojeen el libro y observen las fotografías. Deje que el niño haga preguntas. Muestre las descripciones en las imágenes.

- Léale el libro al niño o deje que él o ella lo lea independientemente.

Después de leer

- Anime al niño para que piense más. Pregúntele: ¿Comes queso? ¿Alguna vez has pensado acerca de dónde viene?

Bullfrog Books are published by Jump!
5357 Penn Avenue South
Minneapolis, MN 55419
www.jumplibrary.com

Library of Congress Cataloging-in-Publication Data

Names: Nelson, Penelope, 1994– author.
Title: De la vaca al queso / Penelope S. Nelson.
Other titles: From cow to cheese. Spanish
Description: Minneapolis, MN: Jump!, Inc., [2021]
Series: ¿de dónde viene? | Includes index.
Audience: Ages 5–8 | Audience: Grades K–1
Identifiers: LCCN 2020022466 (print)
LCCN 2020022467 (ebook)
ISBN 9781645276104 (hardcover)
ISBN 9781645276111 (paperback)
ISBN 9781645276128 (ebook)
Subjects: LCSH: Cheese—Juvenile literature.
Cheesemaking—Juvenile literature.
Dairy products—Juvenile literature.
Classification: LCC SF271 .N39518 2021 (print)
LCC SF271 (ebook) | DDC 637/.3—dc23
LC record available at https://lccn.loc.gov/2020022466
LC ebook record available at https://lccn.loc.gov/2020022467

Editor: Jenna Gleisner
Designer: Anna Peterson
Translator: Annette Granat

Photo Credits: Hue Ta/Shutterstock, cover (left); GlobalP/iStock, cover (right); Guitar photographer/Shutterstock, 1; Lydia Vero/Shutterstock, 3; Lapina/Shutterstock, 4 (boy); Africa Studio/Shutterstock, 4 (cheese); smereka/Shutterstock, 5, 6–7, 22tl; New Africa/Shutterstock, 6; igorsm8/Shutterstock, 8–9, 22tr; Grant Heilman Photography/Alamy, 10–11, 22mr; Ainara Garcia/Alamy, 12–13, 23tm; BeautifulBlossoms/Shutterstock, 13, 23tr; Juliedeshaies/Dreamstime, 14, 23tl; MassanPH/Getty, 15, 23bm, 23br; OVKNHR/Shutterstock, 16–17, 22br; Taina Sohlman/Dreamstime, 18; Thunderstock/Shutterstock, 19 (foreground); R R/Shutterstock, 19 (background), 22bl; Peter Dazeley/Getty, 20–21, 22ml; DenBoma/iStock, 23bl; Jacek Fulawka/Shutterstock, 24.

Printed in the United States of America at Corporate Graphics in North Mankato, Minnesota.

Tabla de contenido

De la granja

¡A Ken le encanta el queso!
¿De dónde viene éste?

pasto

¡De las vacas!

Ellas comen pasto o heno.

Las vacas producen leche.

Está en sus ubres.

¡Qué chévere!

leche

ubre

Las máquinas ordeñan las vacas.

¡Qué genial!

Los camiones recogen
la leche.

Mantienen fría la leche.

camión

leche

cuba

La leche va a una fábrica.

Va en grandes cubas.

fábrica

Las cuajadas se forman.

cuajada

suero

Se cuela el suero.

Este queso se hace
en bloques.

Estos se envuelven.

¡Qué bien!

bloque
de queso

Los camiones los llevan a las tiendas.

Elegimos el tipo
que queremos.

Preparamos emparedados.
¡Mmm!

De la granja a la mesa

¿Cómo llega el queso a nuestras mesas?

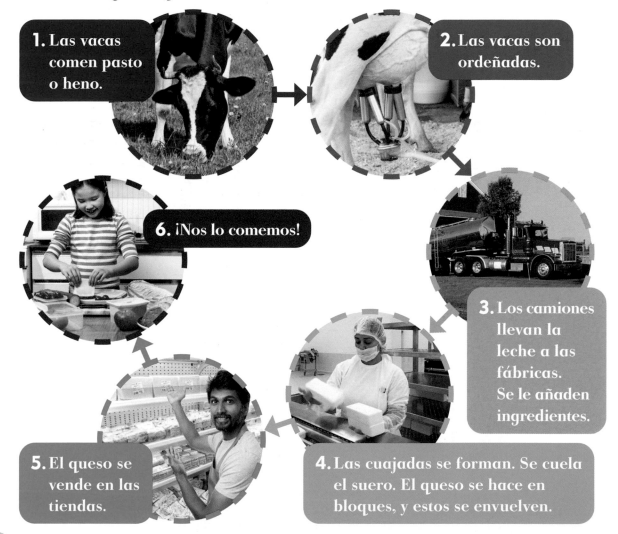

1. Las vacas comen pasto o heno.

2. Las vacas son ordeñadas.

3. Los camiones llevan la leche a las fábricas. Se le añaden ingredientes.

4. Las cuajadas se forman. Se cuela el suero. El queso se hace en bloques, y estos se envuelven.

5. El queso se vende en las tiendas.

6. ¡Nos lo comemos!

Glosario de fotografías

cuajadas
Pedazos sólidos de queso.

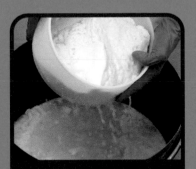

cubas
Tanques grandes.

fábrica
Un edificio en donde se hacen productos con máquinas.

heno
Césped largo que se seca y se usa de alimento para los animales de granja.

se cuela
Se le remueve el líquido a algo.

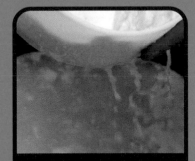

suero
El líquido que queda cuando las cuajadas se forman.

Índice

Para aprender más

Aprender más es tan fácil como contar de 1 a 3.

❶ Visita www.factsurfer.com

❷ Escribe "delavacaalqueso" en la caja de búsqueda.

❸ Elige tu libro para ver una lista de sitios web.